AF359325

L'INSTRUCTION PUBLIQUE

DANS LE DISTRICT

DE LUNÉVILLE

(1789-1802)

PAR

M. MAGGIOLO

RECTEUR HONORAIRE.

NANCY

IMPRIMERIE BERGER-LEVRAULT ET Cie

11, RUE JEAN-LAMOUR, 11

1876

(Extrait des *Mémoires de l'Académie de Stanislas* pour 1875.)

L'INSTRUCTION PUBLIQUE

DANS LE DISTRICT DE LUNÉVILLE

DE 1789 A 1802 [1]

———

Messieurs,

Dans un précédent mémoire sur l'Enseignement public en Lorraine, j'ai eu l'honneur de vous signaler, d'une manière trop générale peut-être, l'influence de l'esprit matérialiste et révolutionnaire qui, durant un siècle de dix années, empêcha l'application des idées enthousiastes et des grands principes qui, à la veille des États généraux, unissaient tous les cœurs en une même pensée de concorde, de réformes, d'améliorations politiques et sociales.

Aujourd'hui, je compléterai mon œuvre, je justifierai les conclusions sévères de mon mémoire

[1] Ce mémoire, lu à l'Académie de Stanislas, le 5 mars 1875. a été analysé et commenté à Paris, à la séance de la Sorbonne, le 31 mars 1875.

de 1874, en étudiant avec vous, sur un théâtre plus restreint, mieux défini, dans le district de Lunéville, les transformations, la décadence, la ruine des établissements d'instruction secondaire et primaire de 1789 à 1802.

En cette étude rétrospective d'un passé trop peu connu et mal apprécié, je reste fidèle à la méthode que je me suis imposée; je repousse les hypothèses et les théories; je consulte les registres des communes, je ne cite que des chiffres et des documents officiels puisés dans les pièces d'archives récemment découvertes et classées : *res non verba*.

Et d'abord, afin de bien préciser le point de départ, je donnerai le nom et la population des communes de ce district, le nombre des écoles des deux sexes, le chiffre des enfants en âge de les fréquenter, et j'établirai ensuite, en quelques mots, la situation véritable des institutions publiques d'enseignement, en 1789.

I.

Décrété le 26 février 1790, organisé le 4 mars de la même année, le district de Lunéville comprenait 99 communes réparties en 9 cantons, savoir :

1° Canton de Lunéville (10 communes) : Chanteheux, Deuxville, Haudonviller (Croixmare), Hériménil, Huviller (Jolivet), Moncel, Réhainviller,

Vitrimont. — Population : 13,452 habit. — Écoles spéciales de garçons, 3; de filles, 3; mixtes, 9. 836 garçons, 850 filles (¹).

2° Canton d'Azerailles (8 communes) : Vathiménil, Chenevières, Flin, Magnières, Moyen, Saint-Clément, Laronxe. — Population : 4,578 habit. — Écoles spéciales de garçons, 4; de filles, 4; mixtes, 4. — 266 garçons, 304 filles (²).

3° Canton de Baccarat (9 communes) : Bertrichamps, Deneuvre, Fontenoy, Gelacourt, Glonville, Lachapelle, Thiaville, Les Verreries Sainte-Anne. — Population : 4,446 habit. — Écoles spéciales de garçons, 3; de filles, 3; mixtes, 6. — 329 garçons, 266 filles (³).

4° Canton de Bayon (15 communes) : Brémoncourt, Borville, Clayeures, Froville, Haigneville, Lorrey, Loro-Montzey, Roselieures, Saint-Boing, Saint-Germain, Saint-Mard (Libre-Mard en 1793), Saint-Remy, Villacourt, Virecourt. — Population : 4,412 habit. — Écoles spéciales de garçons, 3;

(¹) En 1867, le progrès est remarquable; voici, pour les 9 cantons, la statistique officielle des 99 communes de l'arrondissement formant l'ancien district : Canton de Lunéville, 16,657 habit. — Écoles spéciales de garçons, 12; de filles, 12; mixte, 1. — 1,094 garçons, 1,099 filles.

(²) Canton d'Azerailles, 5,699 habit. — Écoles spéciales de garçons, 7; de filles, 7; mixte, 1. — 439 garçons, 396 filles.

(³) Canton de Baccarat, 9,833 habit. — Écoles spéciales de garçons, 6; de filles, 6; mixtes, 3. — 721 garçons, 657 filles.

de filles, 3; mixtes, 12. — 252 garçons, 193 filles (¹).

5° Canton de Blainville (14 communes) : Barbonville, Charmois, Damelevières, Domptail, Einvaux, Haussonville, Lamath, Landécourt, Mehoncourt, Mont, Velle, Romain, Vigneulles. — Population : 3,555 habit. — École spéciale de garçons, 1 ; de filles, 1; mixtes, 13. — 272 garçons, 257 filles (²).

6° Canton de Crévic (9 communes) : Grandvezin, Anthelupt, Drouville, Flainval, Hudiviller, Maixe, Sommerviller. — Population : 2,884 habit. — Écoles spéciales de garçons, 2; de filles, 2; mixtes, 7. — 203 garçons, 197 filles (³).

7° Canton d'Einville (11 communes) : Bauzemont, Bonviller, Crion, Hénaménil, Ohéville, La Petite-Blainville, Raville, Sionviller, Serres, Valhey. — Population : 3,360 habit. — École spéciale de garçons, 1 ; de filles, 1; mixtes, 10. — 242 garçons, 244 filles (⁴).

8° Canton de Gerbéviller (12 communes) : Essey-

(¹) Canton de Bayon, 5,406 habit. — Écoles spéciales de garçons, 7 ; de filles, 7 ; mixtes. 8. — 460 garçons, 487 filles.

(²) Canton de Blainville, 4.894 habit. — Écoles spéciales de garçons, 6 ; de filles, 6 ; mixtes, 8. — 421 garçons, 464 filles.

(³) Canton de Crévic, 3,449 habit. — Écoles spéciales de garçons, 5 ; de filles, 5 ; mixtes, 4. — 306 garçons, 248 filles.

(⁴) Canton d'Einville. 4,266 habit. — Écoles spéciales de garçons, 5 ; de filles, 5 ; mixtes. 6. — 392 garçons, 294 filles.

la-Côte, Fraimbois, Franconville, Giriviller, Hau-
donville, Mattexey, Moriviller, Remenoville, Se-
ranville, Vallois, Venezey. — Population : 1,438
habit. — École spéciale de garçons, 1; de filles, 1;
mixtes, 11. — 251 garçons, 234 filles ([1]).

9° Canton de La Neuveville-aux-Bois (11 communes) : Bénaménil, Buriville, Domjevin, Emberménil, Manonviller, Marainviller, Mouacourt,
Parroy, Thiébauménil, Vaucourt. — Population :
3,781 habit. — Écoles mixtes, 11. 233 garçons,
207 filles ([2]).

II.

Le 16 janvier 1792, le Directoire du district de
Lunéville reçoit des administrateurs du Directoire
de la Meurthe la communication suivante : « Nous
vous adressons une lettre de M. Argobast, l'un
des membres du Comité de l'instruction publique
chargé de correspondre avec le département. Les
instructions qu'elle renferme vous faciliteront le
travail que nous vous avons demandé ; nous y
joignons les exemplaires des tableaux que vous
avez à remplir, en vous priant de nous les faire
repasser le plus tôt possible. »

([1]) Canton de Gerbéviller, 5,051 habit. — Écoles spéciales de
garçons, 5 ; de filles, 5 ; mixtes, 7. — 347 garçons, 349 filles.

([2]) Canton de La Neuveville-aux-Bois, 5,021 habit. — Écoles
spéciales de garçons, 7 ; de filles, 7 ; mixtes, 4. — 468 garçons,
424 filles.

La circulaire du ministre de l'intérieur (24 décembre 1791), celle de M. Argobast (27 décembre) sont un modèle de sagesse et de modération : « L'Assemblée nationale, dit ce dernier, vient d'autoriser, par un décret du 20 novembre, son comité d'instruction à correspondre avec tous les corps administratifs et à leur demander directement et immédiatement tous les renseignements dont il pourra avoir besoin pour ses travaux. Le comité m'a chargé en particulier de recueillir tous les matériaux que votre district peut fournir... afin que la subordination du pouvoir administratif ne reçoive aucune atteinte, c'est par l'intermédiaire du Directoire de votre département que vous recevrez cette lettre et les deux modèles d'états à colonnes qui y sont relatifs. »

Le 17 janvier, les membres de la municipalité, réunis à l'Hôtel-de-Ville, rédigent une notice sur les établissements de la commune; c'est la base du travail réclamé. Je cite textuellement : « Depuis un temps immémorial, il y a à Lunéville un collége où des ci-devant chanoines de la congrégation du Sauveur étaient chargés par la réunion des biens de la manse abbatiale avec ceux de la manse capitulaire, d'enseigner gratuitement, au nombre de quatre professeurs, depuis les principes de la langue latine jusqu'à la rhétorique inclusivement. La multiplicité des élèves, jointe au succès de l'instruction, a porté le zèle des religieux à tenir un cours d'étude de philosophie. Le bâtiment du collége donne sur une belle et grande rue; il fait partie de la maison des ci-devant chanoines, il a 44 pieds de longueur sur 22 de largeur, il se compose d'un rez-de-chaussée, de deux étages..., etc. »

Le 3 mars, la municipalité envoie au Directoire une réponse précise à chacune des 24 questions des états à colonnes; rien n'est oublié, pas même, au chapitre des dépenses domestiques, les 50 livres de salaire attribué au correcteur. L'énoncé de ces questions, que je crois utile de publier, montrera avec quelle scrupuleuse exactitude on procéda à l'inventaire des établissements d'éducation publique du district.

Premier programme. — 1° Désignation des établissements d'éducation, même des maîtrises d'école de l'un et de l'autre sexe; 2° leurs revenus fonciers; 3° leurs droits réels fonciers non supprimés; 4° leurs droits réels fonciers supprimés; 5° les rentes constituées, créances et capitaux; 6° les bâtiments donnés à loyer; 7° les dimensions et valeurs locatives des cours et terrains vides; 8° l'étendue et la valeur locative des jardins potagers et fruitiers; 9° l'étendue des jardins d'agrément.

Deuxième programme. — 1° Désigner les établissements d'éducation publique *autres* que les maîtrises d'école de l'un et de l'autre sexe; 2° le nombre et la désignation des professeurs, maîtres, boursiers et autres membres de ces établissements; 3° les sommes

affectées sur les revenus communaux à leur profit;
4° les souscriptions; 5° les rétributions payées par
les élèves; 6° les bourses; 7° les dimensions et dis-
tributions; 8° les valeurs locatives des bâtiments;
9° les honoraires et pensions des maîtres; 10° leurs
rétributions casuelles; 11° à la charge de qui est
l'entretien des biens et bâtiments, ce qu'il coûte
annuellement; 12° l'entretien du mobilier; 13° les
dépenses domestiques; 14° les dettes non constituées; 15° les dettes constituées (¹).

Au point de vue de l'instruction primaire, la
situation n'était ni moins bonne ni moins assurée.
En mars et avril 1750, dit la notice déjà citée,
Stanislas avait établi, pour les enfants pauvres, des
écoles dirigées par cinq frères et par six sœurs de
Saint-Lazare. Le titre de fondation porte que les
enfants des familles pauvres seront seuls admis; on
leur enseignera à lire, à écrire, à chiffrer, l'orthographe et la religion, selon le catéchisme du dio-
cèse. Les revenus s'élèvent à une somme considé-
rable : 1° 16,129 livres 7 deniers, affectés sur les
domaines, gabelles et tabacs de Lorraine, outre
1,870 livres 19 sous 5 deniers, payés comptant au
frère Exupère, directeur des Écoles chrétiennes de
Nancy; 2° 8,000 livres payées au décès du fondateur,
à charge de les placer sûrement à intérêts, ce qui a

(¹) On peut consulter aux archives départementales de la
Meurthe les 9 procès-verbaux envoyés au Directoire par les
municipalités de chacun des cantons du district de Lunéville.

été fait; 3° 300 livres de rente, que les chanoines réguliers payeront annuellement, pour l'extinction du titre abbatial de leur maison ; 4° 50 livres de rente constituée sur les états de Bourgogne ; 5° 108 livres de loyer d'un jardin de 1 jour 4 ommées 16 toises, donné par Stanislas, *qui l'a acheté à ce dessein*.

Les écoles de filles ne sont pas dotées avec moins de munificence : Stanislas avait complété la maison de charité fondée par Léopold pour l'instruction des jeunes filles, en lui assurant : 1° 20,000 livres employées en acquisitions de rentes ou de biens-fonds; 2° 600 livres de rente affectées sur le Trésor de France; 3° 500 livres de rente sur la maison des chanoines; 4° un jardin potager de 5 ommées 20 verges, du rapport de 33 livres 3 sous 2 deniers.

L'installation matérielle ne laissait rien à désirer; le bâtiment des frères, au centre de la ville, est vaste; il comprend deux corps de logis et deux petits jardins. Le rez-de-chaussée est distribué en salles de classe de 37 pieds de long sur 18 de large. A côté des écoles, une très-petite cour avec des latrines pour les écoliers; rien n'est oublié.

La description des bâtiments occupés par les sœurs de la Congrégation est plus belle encore et plus complète.

Ce qui ressort avec évidence du classement et de l'étude des 24 colonnes des états dressés par les directoires des 9 cantons du district, c'est qu'il y avait, dans chacune des 99 communes, au moins une école publique et environ 18 écoles spéciales de filles rétribuées par la générosité des particuliers ou par de pieuses fondations.

Aussi, j'ai le droit de l'affirmer, le district de Lunéville, avec son collége, ses régents prêtres ou laïques, son personnel de maîtres d'école, ses institutions de frères, ses congrégations religieuses de filles, ses petites écoles libres, que « soutiennent la commodité et la confiance des familles » présentait, en 1790, un ensemble remarquable de ressources pour l'éducation intellectuelle, morale et religieuse de la jeunesse. Il était nécessaire, facile et juste, de compléter ces établissements, de les améliorer, de les accommoder aux idées nouvelles, selon le vœu du clergé, des municipalités, des maîtres (¹), mais il ne fallait ni les dénigrer, ni les détruire. Ce que l'esprit matérialiste et révolutionnaire, que je suis loin de confondre avec l'élan généreux de 1789, a fait de nos institutions scolaires, je le dirai, ou plutôt les documents inédits et les pièces d'archives vous le diront avec une autorité dont le témoignage ne saurait être contesté.

______

(¹) Voir mon Mémoire en Sorbonne (1868) : Projet de l'intendant de Lorraine sur la réforme de l'instruction primaire et lettre de l'évêque de Saint-Dié. En 1869 et 1870, j'ai commenté un mémoire inédit du maître d'école de Kœur-la-Petite, sur les misères de sa profession et les moyens d'y porter remède.

III.

ENSEIGNEMENT SECONDAIRE.

Le 4 novembre 1790, le corps municipal de Lunéville vote le maintien du collége entre les mains des chanoines réguliers; il rappelle leurs services appréciés, leur science, leur dévouement à la jeunesse. Il accorde un léger secours (18 livres) à un régent d'école, qui *se plaint de la diminution de ses élèves.*

La suppression des ordres religieux, la dépossession de leurs biens éloignent les chanoines réguliers. Le 11 octobre 1791, le corps municipal, réuni à l'Hôtel-de-Ville, s'adresse avec confiance à MM. les administrateurs du Directoire du département pour être autorisé, dans le plus bref délai, à nommer, par voie de concours ou autrement, les quatre régents nécessaires audit collége; il observe qu'il serait peut-être à propos d'y admettre de préférence quelques prêtres, qui, étant assermentés ('), s'empresseront sans doute d'insinuer aux élèves les principes de la morale évangélique et de leur inculquer les éléments de la Constitution. Il invite en outre MM. les administrateurs à fixer et à asseoir le traitement provisoire desdits régents sur la *Caisse*

(') Le 27 janvier 1791, le préfet du collége et les régents avaient prêté le serment de fidélité à la Constitution et au roi.

nationale, dans laquelle sont versés tous les revenus de l'abbaye de Saint-Remy. Il se repose entièrement sur la sagesse et la justice des administrateurs et reste dans la douce espérance que la plupart étant pères et tous citoyens prendront un vif intérêt à la prompte exécution de la présente délibération.

Le 20 octobre, le Directoire, ouï le suppléant du procureur syndic, observe qu'en dernier lieu le nombre des élèves a beaucoup diminué, qu'il n'y a pas apparence qu'il augmente pour la présente année, qu'il suffira de deux professeurs aux gages de 600 livres, d'autant mieux que les professeurs en ce moment sont *rares à trouver*. Il est d'ailleurs d'avis qu'il y a lieu d'autoriser l'ouverture d'un concours.

Le 26 octobre, le Directoire du département, vu la pétition de la municipalité et l'avis du Directoire du district, ouï le rapport de M. le procureur syndic, considérant que la nation ayant disposé des biens de la maison de Saint-Remy, il est juste qu'elle remplisse les charges dont elle était grevée, prend l'arrêté suivant : « 1° Le collége sera composé de quatre instituteurs, dont l'un enseignera les premiers principes, le second, la belle latinité, le troisième, les humanités et la rhétorique réunies, le quatrième, les mathématiques; 2° un concours sera incessamment affiché; il sera tenu en présence d'un commissaire du Directoire et du procureur syndic par trois personnes ayant professé les colléges et à leur défaut par des personnes dont la science sera connue..., les unes et les autres désignées par le même Directoire; 3° le procès-verbal dudit concours renfermera l'opinion des juges sur chacun des concurrents pour ce procès-verbal être, sur l'avis du Directoire, statué ce qu'au cas appartiendra; 4° le traitement de chacune des places dont s'agit sera fixé annuellement à la somme de 600 livres. »

Le 28 octobre, le Directoire fixe le concours au 10 novembre; il désigne pour examinateurs MM. les curés de Lunéville et de Manonviller et M. Gérôme, ci-devant bénédictin, en cas d'empêchement de l'un d'eux, M. le curé de Mont, lesquels seront invités à cet effet par le procureur syndic. Le dossier complet de ce concours se trouve aux archives départementales; il se compose de 11 pièces : nomination de membres supplémentaires, requête des candidats avec leur *curriculum vitæ*, lettres des membres du jury, compositions française et latine (texte et copies), enfin procès-verbal dressé et signé, à sept heures du soir, le 10 novembre, par les administrateurs, le jury et les élus [1].

En général, j'ai constaté, avec plaisir, sur les

[1] Dans un mémoire sur l'Université de Pont-à-Mousson (Paris, 1866), j'ai donné sur le concours ouvert en 1690, pour remplir de sujets capables et de mérite les offices de professeurs et d'agrégés en la Faculté de droit, des renseignements complets et inédits.

registres de délibérations de 1787 à 1792, le bon
sens, l'activité prodigieuse, la patriotique sollici-
tude de nos municipalités en ce qui concerne les
intérêts de l'instruction publique; l'esprit révolutionnaire n'a pas encore envahi la province (¹) !

Le corps municipal de Lunéville accueille avec
faveur les projets de réforme de l'ex-chanoine
Gaussin, il l'autorise à ouvrir un cours spécial de
français et de géographie. Le 19 janvier 1792, il
rédige un mémoire habile pour obtenir une école
départementale. « La ville a successivement perdu
le roi Stanislas, ses priviléges, ses maisons religieuses, la gendarmerie, les carabiniers, ses octrois;
elle n'a opposé à tous ses revers que courage, rési-
gnation, patience. » Plus tard (3 brumaire an IV),
lorsque la Convention rendit un décret sur l'orga-
nisation des écoles centrales, la même municipalité,
par une délibération motivée, fit valoir ses droits
pour la disputer à Nancy (²).

Le 21 août 1792, les professeurs demandent un
supplément d'allocation pour la distribution des
prix; le conseil refuse à regret, la ville n'a plus
de ressources; il faut se contenter de 60 livres

(¹) J'ai étudié la marche et l'invasion de la langue et de
l'esprit révolutionnaire dans les registres des districts de la
Meurthe, des Vosges, de la Meuse, de la Haute-Marne, de la
Moselle, de la Lozère ; partout il a fallu l'influence de la commune de Paris pour modifier et corrompre le sens moral des
populations.

(²) La municipalité de Gerbéviller réclame la même faveur.

allouées par le département. La distribution eut lieu
cependant le 11 septembre. Les pièces suivantes,
que j'ai réunies en un dossier, ne manquent pas
d'intérêt et justifient mon opinion sur l'esprit public : procès-verbal de la correction des copies de
composition, 3 septembre; palmarès dressé le même
jour ; listes des livres donnés en prix: factures et
quittances pour livres, fournitures de lauriers et
fleurs, imprimés, timbre et musique.

Le 8 novembre 1792, on institue un bureau de
surveillance du collége; il se compose d'un des administrateurs du district, d'un officier municipal,
d'un notable et de deux citoyens lettrés.

La décadence s'affirme, le nombre des élèves
diminue, les charges du budget augmentent; 1,140
livres en 1791, 2,560 livres en 1792, 2,716 livres
en 1793, 4,500 livres en 1794...; on ne paie plus
en argent. En 1793, il n'y a plus que trois professeurs; ils réclament le bienfait dérisoire des décrets
des 14 et 16 février relatifs aux traitements; ils
n'osent plus, dans leur humble requête, user des for-
mules de l'ancienne urbanité française : « Aux citoyens administrateurs du Directoire de la Meurthe,
salut et *soumission* ». La pétition est appuyée par
le Directoire de Lunéville; j'y trouve un détail
patriotique que j'aime à citer (¹) : « Le nombre des

(¹) En 1870, aux mois de juillet et d'août, les fils ont été
dignes de leurs pères; les élèves des classes supérieures des
lycées et des colléges, ceux des écoles normales primaires et

MAGGIOLO.

élèves a diminué dans les hautes classes, c'est que
l'ardeur des jeunes citoyens, en état de porter les
armes, les a fait voler à la défense de la patrie. »

L'arrêté du Directoire fixe à 1,500 livres (8 juin
1793) le traitement des professeurs, il accorde des
éloges bien mérités à ces braves jeunes gens qui,
« avant de continuer la culture des sciences, ont
voulu combattre et terrasser les ennemis de la
République ».

En 1794, nous entrons résolûment dans la période révolutionnaire, la modération, la justice, le
bon sens disparaissent sous une pression impie, dont
je signalerai tout à l'heure les causes, les progrès
et les conséquences en parlant de l'enseignement
primaire. Il se produit une perturbation étrange
dans les habitudes, les mœurs, le langage. Le
29 frimaire, le district charge le citoyen Hum-
bert d'occuper provisoirement la chaire de belle
latinité. Voici sa lettre : « L'administration, péné-
trée de l'importance du choix d'un citoyen propre
à remplir la place de professeur vacante au collége,
t'a choisi pour faire provisoirement ces fonctions ;
convaincue de ton patriotisme autant qu'elle est
assurée de tes talents, elle se persuade que tu
t'empresseras de répondre à sa confiance. » Le

des Facultés de droit et de médecine, ont en grand nombre
couru à la défense de la patrie envahie. Recteur de l'Académie
de Nancy, avant et pendant l'invasion, j'ai été heureux d'ap-
plaudir à la noble ardeur de nos braves volontaires !

23 juillet 1794 (an II), on réorganise le collége; par
ordre supérieur, les membres du Directoire du
district nommeront à toutes les places vacantes,
qu'il y ait ou non des élèves. « L'un des instituteurs
enseignera la dialectique, la morale, la déclaration
des droits de l'homme et du citoyen et l'acte addi-
tionnel, afin que les élèves entendent le développe-
ment des principes de justice et de raison qui ont
servi d'éléments à la charte qui doit assurer le
bonheur des Français. »

Le 16 nivôse an III, le district annonce un concours pour la chaire de belle latinité : il aura lieu
décadi prochain, à 7 heures; il sera présidé par lui
et par le conseil d'instruction, avec le concours du
jury spécial. La lettre au président se termine par
ces mots : « Nous t'invitons, en conséquence, à te
rendre, avec les membres de ce conseil, que tu pré-
viendras, au jour et à l'heure indiqués, en la salle
de nos adjudications, afin de procéder à un choix
propre à remplir la place dont il s'agit. »

Ce concours n'eut pas lieu. Le citoyen Cafax,
qui avait été suspendu comme suspect, fut autorisé,
par le représentant du peuple en mission, à reprendre l'exercice de ses fonctions, à charge de les
remplir avec zèle et exactitude... La Société populaire lui avait accordé un certificat de civisme. Le
7 floréal an III, le district, par une lettre, que j'ai
sous les yeux, invite les professeurs *à reprendre*
incessamment l'exercice de leurs fonctions, il im-

porte de prévenir le relâchement dans lequel *la cessation* de l'enseignement jette les élèves... »

Le 21 floréal, l'administration du département annonce l'arrivée prochaine du représentant du peuple Jard-Pauvilliers, chargé d'organiser l'école centrale; elle demande un tableau indicatif des professeurs. La minute, dressée et signée par chacun d'eux, indique leur âge et leur programme.

A l'exception de l'ex-bénédictin Gérôme, qui se borne à enseigner la logique et la morale, les trois autres professent les droits de l'homme et du citoyen et la Constitution... A dater de cette époque, les registres de la ville, les archives du département ne font plus mention ni des maîtres, ni des élèves, ni des traitements; l'œuvre de destruction est accomplie !

IV.

ENSEIGNEMENT PRIMAIRE.

Trois documents officiels retrouvés dans les archives du département nous donnent avec certitude la mesure de la décadence progressive de l'instruction primaire, durant la période qui nous occupe; je les indique et je les analyse rapidement.

1° Le concours de 1791 et les programmes de 1792; 2° le concours de 1793 et les programmes de 1794; 3° la réponse du district aux circulaires relatives à l'application du décret du 28 brumaire an III.

Le dépouillement des notices et des mémoires fournis par les officiers municipaux des 9 cantons du district, en réponse à la circulaire du 31 janvier 1792, a été long et difficile ; il m'a fallu visiter les archives des communes pour compléter ou rectifier les renseignements obtenus à grand'peine, à la suite de lettres de rappel et surtout de la menace formelle de *n'expédier aucun ordre de payement*, lorsque le département n'aurait pas reçu les états dûment arrêtés et certifiés. « La municipalité de Bayon ne peut répondre pour les autres municipalités, vu que lorsqu'on les a averties de se transporter au chef-lieu, non-seulement la plupart s'y refusent, mais refusent même de payer l'exprès qu'on leur envoie, sous prétexte qu'elles n'ont pas besoin de deux piétons. »

A Azerailles, les présents programmes ont été communiqués à toutes les municipalités par un messager exprès ; on les convoquait au chef-lieu pour le dimanche 19 février. Elles avaient toutes promis, Moyen seul est venu, les autres enverront sans doute leur réponse directement . . . . .

Une chose étrange, qu'il importe de bien constater, c'est qu'en 1792, et même plus tard, les maîtres et les maîtresses d'école, ceux qui ont prêté le serment et ceux dont on ne l'a pas exigé, continuent, comme avant 1789, leurs fonctions aux conditions des traités consentis avec les curés et les municipalités. J'en veux citer quelques exemples :

A Baccarat, les octrois qui se percevaient sur les *vendants vins* étaient destinés à payer le maître et la maitresse d'école.

A Azerailles, « la dixme de la troisième charrue a toujours été laissée au maître pour gages, en sa double qualité de maître d'école et de marguillier, avec charge de fournir les bêtes *mâles*... et la suppression de la dixme est un grand préjudice à la communauté, qui paie aujourd'hui le maître d'école et en outre les bêtes mâles à un autre particulier. »

A Deneuvre, la maitresse d'école a déserté, faute de payement ; les deux sexes sont réunis.

A Moyen, les honoraires varient suivant le nombre des citoyens, des écoliers, des conventions, à peu près 200 livres depuis 3 ans et 50 livres pour le casuel.

« A Magnières et à Saint-Pierremont, les droits réels fonciers supprimés sont considérables : 6 paires de résaux, moitié blé, moitié avoine, payés ci-devant par M. le curé pour un tiers et les deux autres tiers par les ci-devant seigneurs comme décimateurs. Lesdits seigneurs et curé étaient obligés de fournir les bêtes mâles, comme le taureau, le porc et deux béliers. Le marguillier avait 6 paires de résaux ; comme il n'y a plus de marguillier, le maitre d'école en fait fonction, à l'aide d'un sous-maitre... Pour lors, la rétribution lui en doit être remise. On lui alloue, sur les revenus communaux, 6 louis, à charge de fournir les *moillieux* des

battans et les cordes des cloches, des cordeaux
pour les poids de l'horloge, le conduire, l'huile
pour la graisser, pour raccommoder et blanchir le
linge de l'église, et se fournir d'un sous-maître
capable. »

A la veille de la tempête, les Campagnes restent
calmes; je ne trouve aucune trace des inquiétudes
et de l'agitation, que je signalais dans un mémoire
précédent, dans les écoles de Lunéville et de Gerbéviller (¹)... Les religieuses de la Congrégation,
celles de Saint-Lazare, de Saint-Charles, les Vate-
lotines, refusent le serment; elles repoussent les
prêtres assermentés, elles cessent de fréquenter les
paroisses et de diriger les écoles... Le 29 mars 1791,
les instituteurs congréganistes, mandés à la barre
de la commune, prêtent le serment, à l'exception
de deux, qui donnent leur démission... Les municipalités interviennent; elles appuient l'autorité des
curés; à Lunéville, le corps municipal fait annon-
cer, au prône de l'église Saint-Jacques (1ᵉʳ août) et
par affiches, l'ouverture d'un concours pour rempla-
cer les insermentés. Les prescriptions de l'arrêté ne
manquent ni de sagesse ni d'intelligence pratique.
Les aspirants feront une dictée; ils liront, ils feront
des exemples d'écriture, les quatre règles; ils seront
interrogés par M. le curé sur les principes de la

____

(¹) Pièces d'archives et documents inédits sur l'instruction
publique en Lorraine. Mémoire lu en Sorbonne, 1874. p. 12,
13, 16 et 17.

religion et le catéchisme. Les aspirantes justifieront en outre qu'elles savent coudre et tricoter.

Le concours a lieu le mardi, 16 août; deux commissaires assistent M. le curé; à quatre heures et demie après midi, le conseil général de la commune étant assemblé, M. le curé fait le rapport des preuves de capacité des candidats de l'un et de l'autre sexe... Sébastien Moutier est élu ainsi que les demoiselles Petitjean et Berdouche et Mme veuve Dubuisson..., tous lesquels mandés à l'instant ont prêté individuellement le serment... Il a été arrêté en outre qu'ils seraient installés le lendemain matin et que M. le curé se trouverait à l'ouverture des classes pour recommander aux élèves la soumission et le respect. L'article 7 de ce règlement, qui n'a rien de révolutionnaire, porte que les instituteurs enseigneront les principes de la religion, la grammaire française, la lecture, l'écriture, l'arithmétique et feront chaque jour une lecture de la Constitution, sans se permettre d'autres observations que celles que l'Assemblée nationale pourrait faire.

V.

Le 22 avril 1792, le Directoire du district reçoit un arrêté sévère du Directoire du département, la persécution commence: les sinistres événements de 1793 et de 1794 précipitent la décadence de nos établissements primaires... On exige des certificats de civisme certifiés par les sociétés populaires, on multiplie les livres impies rendus obligatoires, on révoque, on chasse, on emprisonne les maîtres insermentés ou suspects, on ferme les églises, on érige la paroisse Saint-Jacques en temple de la Raison, on fixe la rentrée des classes au jour vénéré de la fête de tous les saints !

Le 10ᵉ jour de la première décade du 2ᵉ mois de l'an II de la République une et indivisible (31 octobre 1793), les administrateurs de Lunéville reçoivent, à huit heures du soir, la lettre suivante du commissaire du département : « Citoyens, je vous invite de requérir la municipalité de faire la rentrée des écoles demain, 1ᵉʳ jour de la 2ᵉ décade (1ᵉʳ novembre, vieux style), et de surveiller l'exécution de la présente réquisition, dont je vous prie de me rendre compte. Salut et fraternité ! »

Pour de nouvelles institutions, pour un culte nouveau, il faut des hommes nouveaux; un concours est annoncé. Le jury d'instruction invite les citoyens à se présenter... Le programme est curieux. Les aspirantes seront examinées : « 1ᵒ sur l'art de lire et d'écrire; 2ᵒ sur la Déclaration des droits de l'homme et du citoyen et la Constitution de la République; 3ᵒ sur les premiers principes de la morale républicaine; 4ᵒ sur les éléments de la langue française; 5ᵒ sur les règles du calcul simple. » L'administration du district, ouï l'agent national, arrête que la présente proclamation sera imprimée, affichée et publiée dans toutes les communes, que les municipalités convoqueront à cet effet les citoyens pour leur en faire lecture dans les vingt-quatre heures.

La montagne en travail enfanta une souris, les citoyennes répondirent mal à l'invitation du jury d'instruction ; il n'existe pas de procès-verbal de ce concours, mais si l'on peut juger du mérite et de la capacité des maîtres par le style et l'orthographe de leurs pétitions, les résultats furent déplorables, surtout en ce qui concerne les institutrices.

Voici textuellement l'une des pétitions, qui permet d'apprécier en quelles mains était tombée la direction des écoles :

Aux citoyens administrateurs du Directoire du distric de Lunéville. Les cinq instituteurs de cette commune, exposent que depuis le 1er nivôse jusqu'au 1er ventôse, leurs traitement leurs est dû sur le pied de six cent franc, et d'après la dernière loi, il leur est dû sur le pied de quinze franc par ans parc chacun enfant à récupérer, sure les municipalité, or comme les mois nivôse et pluviôse leur sont dû a raisons de six cent franc, ce qui fait pour chacune des exposantes cent francs. Elle sont obligés de recourir à vous citoyens et elle de mandent d'être payer.

V. BARBIER, Agnès PETITJEAN,
M. Madelaine VOGIEN femme BAGARD, Marie THERESSE,
M. B. GAUTIER, femme CUNY.

Comment expliquer, Messieurs, cette transformation rapide, complète, dans le langage et les actes de nos municipalités, et ce contraste étrange

et douloureux entre le concours de 1793 et celui
de 1791 ? Pour moi, la cause n'est pas douteuse ;
c'est à l'influence, à la pression des représentants
de la Convention, c'est aux excitations, aux exemples de la commune de Paris qu'il faut attribuer
l'affaiblissement du sens moral et les mesures révo-
lutionnaires prescrites par nos officiers municipaux.
Le 16 pluviôse an II, je constate à Lunéville la
présence du citoyen Bar, représentant du peuple
en mission ; il est chargé de l'épuration des autorités constituées et de l'établissement du régime répu-
blicain. « Le 29 pluviôse, le nouveau conseil, qui
avait fait enlever de la ci-devant église Saint-
Jacques les signes proscrits par la raison, envoie
des commissaires pour enjoindre aux juifs de *cesser*
aussi *leurs singeries* et leurs *rassemblements* illégaux.
Le même jour, ouï l'agent national, il repousse une
pétition des instituteurs qui proposent de diviser
les élèves en deux sections, « la première de ceux
qui commencent soit à connaître leurs lettres, soit
à les former, la seconde de ceux qui lisent et écri-
vent ». La réprimande est sévère ; on veut créer des
catégories, on viole le grand principe de l'égalité...,
« tous les enfants, sans exception, recevront la
même éducation ! »

VI.

Le 18 germinal an II (7 avril 1794), le Directoire du département réclame au Directoire du district un état complet des instituteurs et institutrices établis dans les communes, en exécution de la loi du 29 frimaire. Le Directoire s'empresse d'envoyer à chaque municipalité un tableau comprenant 7 colonnes où l'on doit consigner tous les éléments de la réponse. Ce travail se fait attendre; le 28 floréal et le 23 messidor, le président de l'administration envoie des lettres de rappel à Lunéville. Les termes en sont durs, la formule est terrible : « Liberté, égalité, fraternité ou la mort; nous vous invitons donc de nous adresser, dans la décade, le tableau demandé par le comité d'instruction, afin que nous puissions justifier du degré de l'esprit public des citoyens à cet égard et du zèle des autorités pour l'exécution des mesures qui tendront à le former. Nous vous recommandons de faire poursuivre quiconque contreviendrait aux dispositions de cette loi...; les administrateurs chargés de l'exécution de la loi restent chargés d'acquitter personnellement, sur leurs biens, les salaires des instituteurs des écoles qui n'auraient pas été organisées conformément à la loi. »

Le 29 messidor, le Directoire de Lunéville adresse à Nancy les notices spéciales des munici-

palités, avec un tableau récapitulatif et la dépêche
suivante : « Vous n'auriez pas été obligés, citoyens,
de nous les demander itérativement, si toutes les
communes eussent senti l'importance de cette opé-
ration et ne nous eussent pas mis dans la nécessité
d'user d'une sorte de rigueur pour obtenir ce petit
travail encore bien imparfait de la part de quel-
ques-unes. »

Le reproche est fondé, le travail est bien imparfait; les notables, les curés, qui, en 1792, rédi-
geaient des notices remarquables, sont proscrits ou
cachés; cependant j'ai pu, en classant les pièces de
ce dossier, dresser une statistique, dont voici les
chiffres essentiels.

1° Les 99 communes du district comptaient
44,329 habitants, 5,897 enfants en âge de fréquenter les écoles, dont 2,915 mâles..., je vous
demande pardon, Messieurs, d'employer cette ex-
pression cynique des tableaux officiels; elle ne
figure pas, Dieu merci, dans un grand nombre des
notices, où, selon l'ancien usage, on distingue les
garçons et les filles !

2° Les chiffres des traitements fixés par la loi et
portés d'office au tableau n'ont rien de sérieux ; c'est
une amère dérision pour les malheureux instituteurs
réduits à la misère : 1,590 livres à Bertrichamps,
1,340 livres à Thiaville , 3,535 livres à Baccarat,
où la municipalité se plaint de ce que l'adjudica-
taire de sa forêt a versé dans les caisses de l'État la

somme destinée à payer l'acquisition de sa maison d'école et à subvenir à ses dépenses.

3° L'école n'est ouverte depuis plus ou moins de temps que dans 30 communes, elle n'est pas en activité dans 44, il manque 25 instituteurs, il n'y a plus de maîtresses d'école qu'à Lunéville.

Les observations des municipalités, fort curieuses pour la forme et pour le fond, permettent d'apprécier la situation :

A Chanteheux, « on a averti les citoyens de faire déclaration de leurs enfants, aucun ne s'est présenté pour le besoin qu'ils en ont pour la garde des bestiaux et les travaux des champs ».

A Huviller, « l'école est en activité depuis le 23 floréal, la majeure partie des parents n'a pas fait inscrire les enfants ».

A Chènevières, « il ne se présente pas d'instituteur ».

A Fontenoy, « l'école n'aura lieu qu'au 1er brumaire jusqu'à germinal ».

A Saint-Germain, « l'école ne peut être en activité qu'après la vendange ».

A Saint-Mard, « peu d'élèves fréquentent la classe, les pères et mères n'ont pas fait inscrire leurs enfants, la plupart protestent contre l'école ».

La municipalité de Saint-Mard disait vrai : les familles protestaient, non pas contre l'école, mais contre la direction impie qu'on voulait lui donner !

VII.

L'enquête a démontré que la loi du 29 frimaire an II n'a pas répondu à l'attente du législateur; le nombre des maîtres diminue, le recrutement est impossible, les écoles sont abandonnées. La Convention le comprend, elle cherche un remède, elle se jette d'un excès dans un autre; le décret du 28 brumaire an III achève la ruine de nos établissements d'instruction publique.

Du 6 brumaire au 11 ventôse, la Commission exécutive adresse directement de Paris aux administrateurs du district de Lunéville quatre circulaires, dont je veux faire ressortir les points essentiels.

La première (6 brumaire) réclame des renseignements statistiques; c'est la troisième fois depuis moins de trois ans que l'on interroge les municipalités. « Lorsque la Convention va répondre au vœu des Français en organisant l'instruction publique, nous croyons devoir demander la communication des renseignements qui peuvent faciliter l'exécution des mesures dont nous serons chargés... Il importe que vous répondiez aux demandes de notre circulaire, article par article, afin de faire connaitre les ressources de chaque localité. »

La deuxième (21 frimaire) accompagne l'envoi du décret du 28 brumaire : c'est un chant de victoire, un acte d'accusation contre le passé ; il faudrait la citer en entier, elle ne comprend pas moins de six pages : « Enfin, il est décidé que l'ignorance et la barbarie n'auront pas les triomphes qu'elles s'étaient promis ! Enfin il est décidé que la République aura des écoles primaires ! C'est vous qui devez nommer ceux qui nommeront les instituteurs et qui administreront les écoles... C'est de votre choix que tout va dépendre... Selon que vous aurez de la sagesse ou que vous en manquerez, une grande source de lumière va se répandre sur tous les esprits pour les éclairer et pour les fertiliser tous, ou bien un peuple de républicains va s'égarer et se débattre encore longtemps dans les ténèbres où s'endormaient les esclaves d'un monarque... La France a rompu solennellement avec les opinions qui ont trompé tous les siècles et tous les peuples. On écartera donc des écoles ces esclaves de l'érudition pour qui une autorité est une raison... Quand on ne professait dans les écoles que des erreurs dont on se riait dans le monde, quand on y parlait un langage qui effrayait le bon goût et le bon sens, le bon goût et le bon sens applaudissaient aux dédains du monde pour la poussière des écoles, le titre d'instituteur ne pouvait avoir rien d'honorable... Aujourd'hui la considération et la gloire attendront dans les écoles ceux qui y porteront des talents et des lumières... L'âme la plus délicate dans sa fierté y trouvera des jouissances pour sa fierté même...

Les administrateurs de district, les jurys d'instruction appelleront de toutes parts aux fonctions d'instituteurs des hommes éclairés, capables de remplir des fonctions que la vanité inepte des monarchies dédaignait, et si, pour inciter les citoyens d'une république à une si grande œuvre, il leur fallait de grands exemples, on leur rappellerait que Socrate tenait des écoles primaires dans les rues et dans les places d'Athènes. »

Je me suis fait une loi, Messieurs, de citer et de ne pas discuter; cependant, en présence de ce mépris injuste du passé, de ce dénigrement effronté de nos traditions, de nos gloires nationales en matière d'éducation, permettez-moi un souvenir personnel. En 1867, j'avais l'honneur, dans une salle voisine (¹), de faire une conférence à 1,200 instituteurs, qu'un Ministre vraiment libéral appelait à admirer et à étudier les merveilles de l'Exposition universelle. Je leur parlais, avec mon cœur, du respect dû à l'enfance, de la dignité, de la sainteté de leur mission, et « pour les inciter à cette grande œuvre, je n'avais pas besoin de leur *rappeler que Socrate tenait des écoles dans les rues et les places d'Athènes,* j'invoquais l'autorité, les exemples des maîtres illustres, dont les statues ornent notre antique Sorbonne, le sage Rollin, le bon Lhomond, le pieux Fénelon, le doux et savant Gerson, qui renonce aux plus hautes

(¹) Conférences aux instituteurs réunis à la Sorbonne. 1 vol. 1868. Nancy.

dignités de l'Église et de l'État pour aller, à Lyon, remplir les modestes fonctions du maître d'école !

La troisième circulaire (25 nivôse) explique et commente le décret, pour en rendre l'exécution plus facile et plus uniforme; il y a eu des mécomptes, des objections, on discute :... « l'intention des législateurs sans doute est de mettre tous les enfants en état de jouir des bienfaits de l'instruction, mais il y a deux écueils à éviter : l'un de rendre ces établissements trop rares, l'autre de les trop multiplier... Trop nombreux, ils ruinent le trésor national, de plus, l'économie des personnes exige des suppressions... La disette d'hommes en état de remplir les fonctions d'instituteur a empêché l'exécution du décret du 29 frimaire; enfin, il faut un grand nombre d'enfants pour entretenir l'émulation des élèves et des maitres. La nécessité d'établir des écoles ne commence qu'avec une population de 2,000 habitants. L'article 4 permet d'établir deux écoles pour 2,000 habitants complets, trois pour 3,000 et ainsi de suite, mais elle n'oblige pas... Les faubourgs et les villages proches des villes doivent être compris dans la population de ces villes, et les écoles formées en conséquence. Dans les campagnes, la loi autorise une école à raison de 1,000 habitants, cependant les administrateurs peuvent et doivent concourir à l'économie générale et à la régularité de l'ensemble en choisissant pour centre de chaque école non pas la plus grande commune, mais celle qui est placée de manière à réunir autour d'elle un nombre d'habitants plus approché de 2,000. Le ressort d'une école peut s'étendre sans inconvénients à une lieue de 2,000 à 2,200 toises à la ronde. En faisant sur la carte, d'après ces principes, la division de votre district, vous obtiendrez un résultat satisfaisant. Lisez l'article 11, vous y verrez que, quand la population sera trop dispersée pour qu'on puisse former un ensemble de 1,000 habitants dans l'étendue d'une lieue à la ronde, ce qui fait environ 3 lieues carrées de surface, il faut, pour obtenir une seconde école, un décret de l'Assemblée nationale. Telles sont les bases sur lesquelles doit s'appuyer la formation des écoles primaires, nous vous invitons à vous y conformer et à nous adresser un état nominatif des arrondissements de vos écoles primaires, pour nous mettre à portée de juger jusqu'à quel point vous vous êtes conformés aux dispositions de la loi. »

La quatrième circulaire (11 ventôse) accuse l'insouciance d'un grand nombre d'administrations; on n'a pas répondu, on n'a pas saisi le sens vrai, on n'a présenté que des résultats insignifiants... « Encore une fois, citoyens, hâtez-vous de concourir avec nous à la confection de ce travail; que notre correspondance n'ait plus à souffrir de ces retards, que rendrait inexcusables désormais l'importance des intérêts dont vous êtes dépositaires et responsables... Il importe que vous nous transmettiez le plus tôt possible l'état des hommes qui ont cultivé ou enseigné les belles-lettres, les sciences ou les arts... Sans égard à leur profession antérieure, n'examinez que le mérite et la moralité actuelle ; il n'est pas de tache originelle ; le grand art de l'homme public n'est pas de briser les instruments, mais de les utiliser... » Voilà une bonne parole, mais que d'utopies ! que d'erreurs ! quel mépris des droits des populations rurales ! quelle ignorance enfin des conditions essentielles à l'éducation populaire !

VIII.

Revenons à notre district pour y rechercher les effets de la législation nouvelle. Le 3 pluviôse an III, le président, les administrateurs et l'agent national de Lunéville, en séance publique, arrêtent et publient un tableau indicatif des communes fixées pour la résidence des instituteurs. Le district est partagé en trois divisions ; la première comprend 5 chefs-lieux : Lunéville, Saint-Clément, Flin, Azerailles et Baccarat. Il y aura 6 instituteurs pour Lunéville, un seul pour chacun des autres chefs-lieux ; ensemble : 19 communes, 18,119 habitants et 10 écoles ; la deuxième, 10 chefs-lieux, Bertrichamps, Moyen, Giriviller, Roseliœures, Loro-Montzey, Bayon, Haussonville, Mont, Einvaux, Gerbéviller ; ensemble : 46 communes, 16,364 habitants et 10 écoles ; la troisième, 8 chefs-lieux : Marain-

viller, Bénaménil, Emberménil, Hénaménil, Einville, Drouville, Crévie, Anthelupt ; ensemble :
34 communes, 9,846 habitants et 8 écoles.

Le 15 germinal, le corps municipal de Lunéville
organise les écoles qui lui ont été attribuées, l'installation est déplorable. Dans les autres communes
on proteste et on n'obéit pas... La gravité des événements attirait l'attention ailleurs; depuis la
chute de Robespierre, on respirait en Lorraine. Le
18 ventôse, le représentant du peuple Mazade ar-
rive, il convoque les citoyens, il expose le but de
sa mission ; chargé de renouveler les autorités constituées, il ouvre une enquête sur les partisans du
tyran. « Si le terrorisme n'a pas affligé les âmes
sensibles par les spectacles tragiques qu'il prodi-
guait ailleurs, il n'en a pas eu moins ses apôtres... »

Le 9 floréal, le conseil municipal, mis en demeure
de désigner enfin et de dénoncer les terroristes,
répond : « Si la Terreur a plané quelques instants
sur nous, aucun de nos citoyens ne s'y est prêté
librement et dans l'intention de nuire... »

Le 4 messidor an III, les administrateurs du
district adressent au comité d'instruction publique,
avec un rapport détaillé, l'état indicatif des écoles
et les pièces réclamées aux communes. « Quoique le
jury d'instruction se soit occupé de l'exécution de
la loi, avec un zèle infatigable et l'attention la plus
suivie, il voit avec regret que le succès ne répond
ni à sa peine, ni à son espérance... Il ne s'est pas

présenté de sujets capables de donner l'éducation
à une génération destinée à jouir du bienfait de la
liberté. Les obstacles dans les campagnes sont
insurmontables... Il s'est présenté si peu d'institutrices qu'il a fallu laisser beaucoup de places
vacantes... Nous avons cependant rédigé une proclamation imprimée, affichée et publiée dans les
communes... Au surplus, si l'instruction est un
besoin pour tous, il faut convenir que la Convention n'a pas atteint son but par l'établissement des
écoles tel qu'il est énoncé dans la loi. En les fixant
dans un lieu plutôt que dans un autre, on heurte
de front le système heureux de l'égalité, et en vou-
lant favoriser une commune plutôt qu'une autre,
on les abandonne toutes à l'ignorance et aux téné-
bres, qu'on cherchait à dissiper. Nos communes n'ont
pas vu avec plaisir ce nouvel établissement, il ne
leur offre pas les avantages qu'elles espéraient d'un
ordre de choses fondé sur le bien général. Il serait
donc à désirer que la Convention prît de nouveau
en considération un objet si important; elle ne peut
trop se hâter d'y donner toute son attention. »

C'est là, Messieurs, un honnête et libre langage;
le jury d'instruction ne faisait d'ailleurs que résu-
mer les notices qu'il avait reçues des municipalités.
Je les ai lues, ces notices, je les ai classées, je vou-
drais les publier toutes, car elles prouvent, d'une
manière évidente, ce que j'ai affirmé dans cette
étude, à savoir : 1° qu'il y avait, en 1789, au

moins une école primaire dans chacune des communes du district de Lunéville ; 2° que l'esprit révolutionnaire et matérialiste, en moins de six années, a détruit ces écoles, qu'il a substitué le régime de l'ignorance à ces réformes salutaires 'dont l'intendant de Lorraine et du Barrois, en 1771, avait pris la généreuse initiative (¹).

A partir du 15 germinal an III, les délibérations des corps municipaux ne font plus mention des écoles ; les cahiers destinés à enregistrer les mandements pour les instituteurs s'arrêtent à l'an IV.

A la date du 1ᵉʳ vendémiaire an VI, je trouve sur un registre de Lunéville une note ainsi conçue : « Séance extraordinaire : fête de la fondation de la République ; le calme le plus respectueux régnait dans la salle, le peuple se plaça sur les banquettes de droite et de gauche, les élèves des écoles nationales, ainsi que les instituteurs et les institutrices, dans le centre. »

La décadence est complète, l'autorité centrale n'a plus aucune action sur les communes, les écoles ne sont plus fréquentées, la plupart sont fermées... Les dispositions étroites et mesquines de la loi du 3 brumaire an IV sont impuissantes, le décret légué

(¹) Voir mon mémoire de 1868 à la Sorbonne, p. 13 et 14. J'ai réuni les pièces relatives à cette enquête en un fascicule déposé au dépôt des archives à Nancy. Je les ai réparties en quatre dossiers, selon qu'elles viennent de la Moselle, des Vosges, de la Meuse ou de la Meurthe.

au Directoire par la Convention expirante conte-
nait, au point de vue de l'enseignement secondaire,
un principe de régénération, il resta une lettre
morte en ce qui concerne l'enseignement primaire.
La loi réparatrice de l'an X fonda les écoles populaires, les écoles secondaires, les lycées; elle promit
des écoles spéciales de droit, de médecine, de haut
enseignement; elle répondit à un besoin vivement
senti, surtout en Lorraine.

Cependant le mal avait de profondes racines,
les traditions du passé étaient perdues ou oubliées;
il fallut de longues années, des efforts persévé-
rants pour triompher des obstacles. La loi libérale
de 1833 inaugura une ère nouvelle; une vaste
enquête fut ouverte, j'eus l'honneur d'y prendre
part dans l'arrondissement de Lunéville. Je cons-
tatais alors, avec douleur, la triste situation de
l'enseignement primaire, au point de vue matériel
et pédagogique, dans ce même arrondissement,
aujourd'hui l'un des plus florissants de France par
le nombre de ses écoles, par la valeur de ses maîtres, par les sacrifices intelligents des municipalités.

Nancy, imp. Berger-Levrault et Cⁱᵉ.